中华中医昆仑

丁甘仁学术评传

张镜源◎主编

中国盲文出版社

图书在版编目（CIP）数据

丁甘仁学术评传（大字版）/ 张镜源主编. —北京：中国盲文出版社，2015.11
（中华中医昆仑）
ISBN 978-7-5002-6600-6

Ⅰ. ①丁… Ⅱ. ①张… Ⅲ. ①丁甘仁（1865～1926）—评传 Ⅳ. ①K826.2

中国版本图书馆 CIP 数据核字（2015）第 282834 号

丁甘仁学术评传

主　　编：张镜源
责任编辑：戴皓宁
出版发行：中国盲文出版社
社　　址：北京市西城区太平街甲 6 号
邮政编码：100050
印　　刷：北京华联印刷有限公司
经　　销：新华书店
开　　本：700×1000　1/16
字　　数：42 千字
印　　张：6.5
版　　次：2015 年 12 月第 1 版　2015 年 12 月第 1 次印刷
书　　号：ISBN 978-7-5002-6600-6/K・361
定　　价：12.00 元
销售服务热线：（010）83190297　83190289　83190292

丛书编委会

前言

中医药是中华民族的伟大创造，是世界医学宝库中的夺目瑰宝，数千年来为中华民族的繁衍昌盛作出了巨大的不可磨灭的贡献，至今仍是中国医药卫生事业不可分割的重要组成部分，在维护民族体魄康健、促进经济社会发展中发挥着不可替代的作用。

中医药学，是中华传统文化和科技文明的结晶，是勤劳聪慧的中华儿女在几千年生产生活实践中，在与疾病作斗争的过程中，创造的独具特色的医学科学体系。它有着浓郁的民族特色、深厚的文化底蕴和丰富的哲学内涵。经过一代又一代中医药传人、一辈又一辈名医大家的实践探索、薪火传承、总结完善、创新发展，逐步形成了系统的理论体系、独特的诊疗方法、丰富的医学内容、实用的制药技术。具有疗效确切、用药安全、应诊灵活、普适简廉和预防保健作用显著的巨大优势，在世界医学之林独树一帜，为人类的文明进步与医疗保健事业，已经并正在作出积极的贡献。

为了弘扬中华民族传统文化，彰显中医药学家的丰功伟绩，当代中医药发展研究中心与中国文学艺术界联合会、国家中医药管理局新闻办公室、中华中医药学会、中国中医科学院、北京中医药大学、世界中医药学会联合会等精诚合作，在国家中医药管理局的支持和指导下，为中华近现代百年来贡献卓著、深受敬仰的150位中医药学家，编撰出版了这部大型传记丛书。丛书采用评传体裁，记载他们的生平事迹、医术专长、学术思想、传承教育、医风医德、养生之道和突出贡献，使这些宝贵的医学成就和精神财富发扬光大，千古流芳。

丛书取名《中华中医昆仑》。昆仑山，被尊为“万山之祖”，柱西北而瞰东南，立中国而凭世界，凌驾乾坤，巍然屹立。以其高峻豪迈、绵延起伏的磅礴气势，寓意中华中医药学历史悠久、博大精深和永不衰竭；以其挺拔雄伟、高耸入云的恢弘气魄，彪炳一代中医药学家的丰功伟绩、杰出贡献和不朽勋业。

丛书入选传主，从全国范围推荐遴选，遍及中医药界各个领域。有临床家、理论家、药学家、教育家、医史文献学家；有名师亲授、世医家教、学派传人、院校毕业和自学成才者；有师徒并驾、父子齐名和伉俪联袂者。他们学术造诣深厚、诊疗技术精湛、临床经验丰富、学科地位崇高、科研成果丰硕、医风医德高尚、国内外影响较大，从医学理论到临床实践，为中医药事业的传承和发展作出了突出贡献，是近现代百年来中华中医药界的杰出代表。

丛书的出版，对于弘扬中华文化，振兴中医药事业，造就中医药人才，普及中医药知识，具有重要的现实意义和深远的历史意义。这是一项开创性工作，填补了我国为著名中医药学家大规模撰写传记的空白；也是一项抢救性工作，因入选传主已仙逝过半，许多亲历、亲见、亲闻的史料日见散逸，将之收集整理、编撰成书，功垂后世、利国利民；更是一项承前启后的工作，总结传主经验，传承中医药伟业，继往开来，光耀世界医学之林。这部医文结合，富蕴历史性、学术性、文学性和实用性的鸿篇巨制，对医疗、卫生、科研、教育及全球关注中华中医药文化的各界人士，都有重要的参考和阅读价值。

丛书的编撰出版，是一项巨大的中医药文

化建设工程，在策划、撰写、编辑、出版过程中，自始至终得到了国家有关领导、政府部门及社会各界人士的关心和支持。国家中医药管理局高度重视，并组织专家对全书进行终审；数百名专家、学者亲临指导，参与规划；有关省、市、自治区卫生厅、局、中医局（处）给予大力帮助；传主及其亲属、弟子热情支持、密切配合；撰稿人深情满怀、辛勤笔耕；编审专家尽心竭力、精工细琢；关爱中医药事业的企业家热心公益、慷慨资助；全体工作人员不辞辛劳、无私奉献，这一切使丛书得以顺利出版。对此，我们深表谢意。

由于时间紧迫和资料搜集困难，加之水平有限，难免有疏误之处，敬请广大读者批评指正。

中华中医药学，历史悠久，源远流长，发端于远古，奔向于未来。百年对于历史，不过是短暂的瞬间；百人对于万众，不过是沧海一粟。然本丛书所记载的百年百人，则无疑是波澜壮阔的中医药发展史上辉煌的篇章和光芒闪烁的璀璨星辰。

张镜源

目录

我国之医肇自上古，代有名人，典籍灿然，蔚以巨观，最精国粹，实唯医学。盖医学之兴衰，唯教育为之关键。

——丁甘仁

甘雨滂沱始觉仁，泽周南北大江滨。
家传绝艺过三世，手脱灵方济万人。
绛帐于今惭后学，兰台凭古忆前尘。
可堪五十余年事，竹马儿童白发新。

1986年，正值孟河医派巨匠丁甘仁诞辰120周年之际，当代中医学家裘沛然题写了这首七律诗，以志缅怀。寥寥56字，饱含浓浓真情，概括了前辈的辉煌业绩并表达了后辈的崇高敬意。

丁甘仁谢世已经80余个春秋，古老而又神奇的中医药事业，迎着一次又一次“废止”的逆流恶浪，终于顺应民意和时势，走上推陈出新的昌明之路。丁甘仁悬壶济世和辛勤办学，换来桃李遍地。国医大师裘沛然，1934 年毕业于丁甘仁创办的上海中医学院，是丁甘仁的长孙、孟河医派优秀传人丁济万的学生，曾为上海中医药大学终身教授及专家委员会主任、全国中医统编教材编审委员会副主任。裘沛然和他的学友们，继承先辈遗志，不懈奋斗在中医学岗位上，不仅弘扬了丁甘仁的杏林精神，也印证了岐黄薪火之绵延不绝。

丁甘仁（1865—1926），著名中医临床家和中医教育家，字泽周，生于江苏省武进县孟河镇。幼年学医，师从孟河医派名医马仲清、丁松溪和马培之。学成后先期行医于姑苏一带，后来到上海，声名鹊起。他在虚心学习先辈经验的同时，结合自己的实践，刻苦研究江南各派名医的学说，博采众长并敢于创新，逐步形成了独特的丁氏学派。

进入中年后，丁甘仁深深感到精微深妙的

中医在人才传承上的困难，依靠原始的父子相传和师徒授业方式，终究难以为继。于是，他在悬壶济世的同时，又立志兴学，大胆吸纳西医教学的长处，相继创办了上海中医专门学校（后更名为上海中医学院，现上海中医药大学）和上海女子中医专门学校，造就了大量优秀的中医药人才。

尤其值得称颂的是，在风雨飘摇的年代，丁甘仁为了捍卫中医国粹，进行了艰苦卓绝的斗争。在北洋政府和国民政府时期先后提出“废止”中医的困境中，他奔走呼号，联合全国中医界同行和社会各界仁人志士，发表宣言，组织请愿，掀起声势浩大的抗议浪潮，为中医药事业的生存和发展，赢得了重大胜利。他是清末、民国初年间的大名医、中医理论家、临床家、医学教育家、中医实业家。

丁甘仁的光辉业绩，受到民众的交口赞誉。孙中山先生特意题颁“博施济众”四个大字的匾额，以资嘉勉。

1926 年夏，丁甘仁因患急病而不幸逝世，终年 61 岁。身后留下宝贵的著述，成为孟河医派的学术经典。

理想的确立
——巨匠成长之始

丁甘仁的故乡常武地区位于长江下游南侧，古有“三吴重镇、八邑名都”之称，人口稠密，物产丰富，是吴文化的发祥地之一。依偎在常武怀抱中的小小孟河镇，自东汉三国时期，即诞生了一个闻名遐迩的杏林群体，且名医辈出，史称“孟河医派”。丁甘仁从童年起就走上岐黄之路，而且成为后来孟河医派的杰出代表，这与他的生活环境有着密切关系。

环境可以影响人，但是决定一个人的前途和命运的基本因素，还在于本人的思想和性格。丁氏祖上本是孟河镇上的殷实大户，拥有良田百亩和多家店铺。咸丰年间，战乱四起，家道中落。到了丁甘仁出世的时候，他的父亲——曾为“国学生”、“四品候选”身份的丁惠初，也不得不放下身段参加田间劳作。丁甘仁6岁那年，父亲将他送进私塾，开始识文习字。童稚的丁甘仁虽然读书很用功，也极有悟性，常常受到塾师的夸奖，但他并不想走“学而优则仕”的路，竟默默地关注起镇上的郎中来了。

关注郎中，是因为他从小多病，经常请郎中诊治和服药。长辈们谑称他是“药罐子”。每次从病魔纠缠的痛苦中被解脱出来后，他都对治病救人的郎中心怀感激。

孟河镇上多名医。童年的丁甘仁常常见到有外地人敲锣打鼓来到孟河镇，给孟河名医送贺幛贺匾，感谢救命之恩。在丁甘仁尚未跻身杏林之时，孟河镇上已经有了费氏、巢氏和马氏等多家名医，蜚声大江南北。其中最著名的是费家世医第七代传人费伯雄，懂天文，精通诗棋书画，擅长治疗虚劳，曾为爱国名将林则徐及其家人看过病，此时虽已年过古稀，依然行医不倦。道光年间，他还两度应召进京，为皇太后治疗肺痈，为道光皇帝治疗失音，都获得显效。道光皇帝特地钦赐“是活国手”皇匾一块，被百里城乡传为美谈，也使丁甘仁为家乡的名医感到骄傲。

孟河镇上有个著名的天宝堂药店，是丁甘仁最爱去的地方。他还和这家药店的坐堂郎中成了忘年交。坐堂郎中叫余听鸿，比他年长19岁，很早就有了些名气。余听鸿喜爱丁甘仁，就因为他小小年纪却钟情于岐黄之道，爱看爱问爱学，无形中丁甘仁已把余听鸿当成了中医的启蒙老师。余听鸿闲着的时候，就给他讲扁鹊、华佗、张仲景的故事，传授中医常识，还教他识别一些常用中草药。丁甘仁非常珍惜同余听鸿的相识相知，把这看成是一种天赐缘分。后来当丁甘仁成为一名真正的医生，独立到苏州、上海行医的时候，又同余听鸿有过患难与共的经历，最后还成了儿女亲家。

1878年，12岁的丁甘仁辍学了。为了减轻家中的经济负担，父亲想把他送到镇上的商铺去当学徒。丁甘仁不从，坚持要学医。父亲理解孩子从医的心愿，便请求圩塘村的名医马仲清收他为徒。马仲清是丁甘仁母亲李氏的远房亲戚，他并没有轻易答应，而要李氏先把孩子领到他家当面考察后再作定夺。考察结果非常满意，一句孺子可教也，便痛快地收了下来。

按照民间学艺的规矩，学徒在“满师”之前的3年中，只能当杂工，做佣人，不让接触正业。而丁甘仁的师傅却与众不同。此时的马仲清已达85岁高龄，老人家把少年甘仁当作自己的小孙儿一样疼爱，免了他的杂活，一进门就教他学真本事；还告诉他医术就是仁义之术，从医之道就是救人之道，必须有菩萨心肠；开方治病是性命攸关的事，必须慎之又慎，万万大意不得。马仲清一边给小甘仁传授从医责任，一边早早地让他学习医术，《黄帝内经》、《伤寒杂病论》、《本草纲目》之类的经典医籍都要他从头到尾通读，还令他背诵枯燥乏味的《汤头歌诀》，又提前让他侍诊见习，教他抄录医方。

马仲清对小甘仁的严格要求，几乎到了苛刻的地步。丁惠初来诊所探望儿子，马仲清老人对他说，自己到了大耄之年，儿孙满堂，门人徒弟为数并不少，只是很想找一个能得自己真传的关门弟子。看来令郎有此天分，不过要学成一个能悬壶济世的真郎中并不容易，要吃得起苦才行。不知道当爹娘的舍不舍得他吃苦？丁惠初说犬子立志学医，岂能吃不起苦？说罢就让儿子向老先生表明决心。小甘仁当场跪下发誓：一定听恩师的话，刻苦学习，像恩师一样，将来做一个悬壶济世的真郎中。

不幸的是，未满 3 年，马仲清就卧病不起了。老人把珍藏多年的一些医方医籍交到少年丁甘仁的手中，也把自己的一份厚望压到了他的肩上。

离开圩塘村后，丁甘仁又相继师从孟河医派中的两位名医，一位是费伯雄的门人丁松溪，一位是在中医界享有“江南第一圣手”之称的马培之。

对待中医，丁甘仁由起初的感恩和钦佩，直到选定为毕生职业，终于踏上了探索岐黄仁术的艰辛道路。

将近6年，有过3位名医的直接教诲，加上本人的发愤苦学，少年老成的丁甘仁觉得自己业已掌握了中医内科的基本知识，又有了一些临床经验，开始产生独立施诊的冲动。长辈们也巴望着他早日出道成家立业，在他17岁那年，就按照“父母之命，媒妁之言”的传统方式，急急忙忙地为他办了婚事，促使他担起男子汉的责任。第二年，他就告别新婚妻子，先赴无锡，后到苏州行医。

丁甘仁独立行医首先选择在苏州，不仅是为了检验自己的医术，更是为了进一步深造。苏州是闻名江南的商贸文化名城，众多医家之间的交流与竞争形成了各展所长的学术氛围。此时，吴医突破传统医论的重围，创立影响后世的温病学说，奠定了吴门医派在中国医学史上的独有地位，有了“吴中医学甲天下”的美誉。

初到苏州的丁甘仁，起先投奔已在苏州开设了诊所的恩师马培之。马培之比丁甘仁年长46岁，十分欢迎这位年轻门人的到来，让他住在家里，担当自己的助手，侍诊左右，一些不传外人的医方秘籍，也毫不吝啬地传授给他，还向他介绍苏州不同医派的特色和经验，供他学习研究，帮他增长才干。

有一回，丁甘仁有事外出路过寒山寺，忽然听到有人呼救。原来是一位长者突发急病昏倒在地，脸色苍白，嘴唇发紫，性命垂危。一旁的眷属手足无措，只是哭叫连连。丁甘仁挤进围观的人群，沉着地察看了一番病人的症状，摸了摸脉搏，便取出随身携带的银针，选定穴位缓缓下针，又在胸部按摩疏通经络。稍过一会儿，病人就苏醒过来，脸上也泛起血色，脱离了危险。在人们的惊叹声中，丁甘仁却悄然转身离去了。傍晚，当丁甘仁回到住所的时候，病人的眷属竟已先来到马培之家中。原来病人是当地的一位姚姓富商，是马培之的熟友。在姚先生获得及时救治而生还后，眷属们寻找救命恩人却发现其已不知去向，幸好有一位在场的路人说起，他曾在名医马培之的诊所里见过这个施救的年轻郎中。就凭这一条线索，姚夫人便迫不及待地登门谢恩来了。

俗话说："救人一命，胜造七级浮屠。"姚家对丁甘仁的谢恩是极其真诚的。姚家既赞佩丁甘仁的医德和医术，又赞佩马培之名师出高徒，提议要将丁甘仁接进姚家，并拨出几间空房，让丁甘仁开设诊所。丁甘仁对这样的报偿极感意外，不愿接受。恩师马培之却力劝道："你在我的身边，终究是老鹰翅膀下的小鹰，不容易长大。既然心存高远，就应该尽早开办独立诊所，自主创业。"恩师一席话，说动了丁甘仁。从此他不但居有定所，而且有了自己的用武之地。身为名医马培之的高徒，又是富商姚先生的救命恩人，一位年轻医生的名望很快传遍了古城苏州。在此期间，丁甘仁开阔了眼界，增长了临床经验，与苏州的吴门医派弟子门人频频往来切磋，掌握了治疗上的"轻灵"法门，医道大有进步。

几年后，姚先生夫妇对丁甘仁越来越喜爱，见他知书达礼又聪明能干，更淳厚可靠，一度劝说他弃医从商，帮姚家料理生意。对丁甘仁来说，放弃岐黄仁术，完全违背了他的初衷，是断断不可接受的。

1890 年，丁甘仁为一个地方官员的孩子看病，因病情危重而未能挽救其性命。病家仗势发难，放言“庸医杀人”，要拘捕问罪。丁甘仁的名声受到诋毁，难以继续在姑苏立足，于是到上海寻求新的发展空间。

“医为仁术”
——毕生的座右铭

人称“十里洋场”的大上海，四方杂处，百业争荣，鬼神角逐，既是冒险家的乐园，也是智慧和财富的苗圃。丁甘仁初进上海滩，人地生疏，作为游方郎中，要想在这样一个完全陌生的现代城市中扎下根，谈何容易！

他开头落脚在一个卖鞋人的简陋居屋中，一时无法开诊，生计窘迫，只好靠一点随带的积蓄勉强度日。幸亏认识了一位塾师黄秀才，为他治愈一次急病后，两人成了好友。黄秀才通过亲友宣扬丁甘仁的医术高明，逐渐引来一些求诊者。有了诊金收入，日子才有了一点起色。丁甘仁平时穿粗布衣裳，不免寒酸。上海的风俗重衣衫讲体面，他每逢出诊，只得向黄秀才借衣穿。好在黄秀才和他惺惺相惜，并不笑话他。这样的游医生活足足过了四年。到1894年，29岁的丁甘仁遇上了同乡名医巢崇山，其命运出现了转机。

巢崇山（1843—1909），是早年到上海发展的孟河医派主要代表之一，撰有《玉壶仙馆医案》、《千金诊秘》等专著。此时，巢崇山对丁甘仁已经有所了解，知道他师出名门，在家乡学医和在苏州行医都有很好的口碑，加上是同乡和同行，便把他当亲人一样看待，给他安排了新的住所，带他参观一些知名的中药堂，让他熟悉环境，还向他传授中医外科技术。不久后，又郑重地把他推荐到有名的“仁济善堂”诊所，成为一名坐堂医生。从此，“游方郎中”丁甘仁，便有了渴求中的稳定职业。

仁济善堂诊所具有相当规模，既问诊又供药。前厅为药铺，两厢有几个诊室。老板姓赵，是杭州人，属钱塘医派传人，因为年迈体弱，平时已不再坐堂问诊，只靠一批传业的子侄和门人维持场面。丁甘仁虽然是由名医推荐进来的，赵老板见他未及“而立之年”，多少有点不信任。一天，有位中年汉子来求诊，他患咳嗽发烧，已经来过多次，服过几帖药，都没有见效，曾经恣意“闹堂”。老板让丁甘仁复诊，实际是有意考考他。一位好心的师兄悄悄告诉他说，这个病客叫王贵，在当地开过“香堂”，是黑道上的人，你可要小心，惹不起的。丁甘仁说，我的恩师历来教导我，医为仁术，不管什么样的病客，我一样尽力诊治就是了。

29 岁，称不上是成熟的年纪。而对丁甘仁来说，毕竟有了 17 年的医龄，经过多位名医扶植点拨，时时勤学苦练，已称得上是一位成熟的中医了，而且诊治热病又是孟河医派的强项。果然，王贵经他两番诊治，病症竟痊愈了。病人感激不尽，诊所上下也无不口服心服。老板喜出望外，当即为他加了工资。

病客王贵虽是黑道中人，却也有侠义心肠。他病愈之后就到处宣传，说是仁济善堂新近来了一位年轻“神医”，两帖奇药就治好了他在几家诊所没有治好的顽疾。这一宣扬，仁济善堂也就热闹了起来，求诊的病人顿时增加了许多。某日，有人开着小车登门邀请丁甘仁出诊。事出紧急：一位当红的京剧花旦突患喉病失音，开演日期逼近，告白已经发布，若不及时治好喉症，局面必将难以收拾。为此急坏了戏班的班主和剧场的经理，连连请名医诊治都不见显效，遂找上了仁济善堂新来的“神医”。

“神医”非神，丁甘仁心中不免忐忑。如果治不好名旦的失音症，个人少收一笔诊金无所谓，而影响仁济善堂的声誉，则对不起录用他的赵老板和推举他的伯乐巢崇山。他想起费伯雄曾经治愈过道光皇帝的失音症，觉得自己作为费伯雄的再门生，治愈一位名伶的失音症也是可能的。于是，经过一番仔细的望闻问切，便鼓起勇气，运用费伯雄的医理和经验，大胆地开出了医方，还郑重表示：在病人的失音症没有治愈之前，他拒收诊金。

几天后的一个清早，仁济善堂的大门外突然锣鼓喧天，一干人陪护着恢复嗓音的名旦，带着书有“国医圣手”四个大字的烫金匾额，自然还有大笔酬金，前来谢恩了。原定的演出计划可以如期进行，戏班、剧场、名旦和广大戏迷皆大欢喜。名旦还当场亮开愈后的圆润嗓音，唱了一曲得意的京剧名段，赢得围观者的热烈喝彩。这件事上了报纸，成了沪上的一段佳话，也为仁济善堂和丁甘仁扬了名。随即，就有人同丁甘仁私下接洽，愿出高额资金与他联合筹办诊所，并用丁甘仁的名字为诊所命名，可以大展宏图。丁甘仁却毫不犹豫地谢绝了。他说：医为仁术，医者即仁者，必当先具佛心，医自心，后医人。做人要讲良心，为医更要有医德。我刚进仁济善堂不久，举荐我的恩师信任我，老板和同仁们也对我好，我岂可一露头角就忘恩负义！这种过河拆桥的事，我断不能做。

丁甘仁拒绝另谋高就的诱惑，很快就被传了开来，同行们都很赞佩。赵老板为了报偿丁甘仁的大度，表示乐意让他入股仁济善堂，每年享受分红，竟也被丁甘仁婉言谢辞。赵老板非常感动，特地在一家新开张的淮扬菜馆设下酒席，宴请丁甘仁和巢崇山，把酒话情谊，其乐融融。丁甘仁谦虚地说：俗话讲“滴水之恩理应涌泉相报”。其实，我为仁济善堂尽职，也是为了报恩，不该享受特别奖赏；我不愿意另觅出路，还有我自己的小算盘。眼下我安居乐业，全家衣食不愁，继续留在仁济善堂，有前辈和同仁关照，无后顾之忧，而学无止境，趁自己还年轻，医术还浅薄，正可以多多学本领长见识啊！

巢崇山欣赏丁甘仁的抱负，又引荐他成为

了新安医派在沪名医汪莲石的门生。

汪莲石（1848—1928），字严昌，号弃叟，出身于书香门第，早年原本无心学医，只为自己多病，屡屡求医无效，才发愤钻研中医经典，居然无师自通，名震申江。若分中医流派，汪莲石属于舒驰远的伤寒派，与吴门医学温病学派在时病的诊治上是互不相容的。而丁甘仁却不抱门户之见，乐于兼收并蓄。这是求知者宏大胸怀与最高智慧的体现，往往能在充分的比较与鉴别中增长知识，融会贯通。

大上海纸醉金迷，丁甘仁有了丰厚的收入，本可以过上逍遥日子，但他依旧克勤克俭，全神贯注于甘愿为之献身的医道。随着生活条件的改善，他意气风发，开始向更深更广的领域探索前进。求师问道，便是最有效的捷径。在此期间，他还同另外许多名医结成师徒或好友，如恽铁樵、唐宗海、张聿青、余听鸿等，不论辈分和长幼，虚心学习或相互探讨，同行相尊相亲，携手共进。

两年后，赵老板寿终正寝，仁济善堂转让给了上海商界名流王一亭，改为慈善机构。丁甘仁也了却了自己的感恩心愿，在同道们的赞扬和祝福声中，离开了仁济善堂，于1896年初夏，订下四马路（今福州路）中和里的一幢二层楼房，建起了他抵沪后的第一个诊所，由此迎来了岐黄生涯的新起点。

当年初冬，上海地区流行“烂喉痧”恶疾，也就是西医所说的猩红热。这种疫病传染速度极快，如不及时治疗，有可能导致死亡。突然间，上海有数万人得了这种病，所有中西医诊所和医院都人满为患。多数中西医诊所和医院都疗效不佳，而丁氏诊所却连创奇迹，使不少患者转危为安。消息传开，求治者便蜂拥而来。丁甘仁只得昼夜加班为求诊者施治，对贫困的重症患者还免收诊金并送药品。百姓们一时把丁甘仁传颂为“活菩萨”，上海道衙门还派出官员到丁氏诊所表示慰问和嘉勉。疫情平复以后，丁甘仁又对大量的病历资料进行了潜心研究，吸收前人的成功医理和自己的临床经验，总结出了专门治疗烂喉痧和湿温证的方法，受到各家中医诊所的推崇。

1898 年，丁甘仁加入了著名的慈善机构——上海广益善堂，被推举为该机构的负责人。又先后受邀参加了仁慈善堂、仁济善堂、一善社等慈善机构的管理工作，任董事或理事，组织筹款或义诊。他还积极参与发起成立上海医学善会，扩大以兴医保民为宗旨的慈善事业，带头捐献巨款，热情实施社会救济，为穷人送医送药，发放粮食和衣物，切实履行“医为仁术”的信条。次年，父亲丁惠初逝世，享年 72 岁。丁甘仁遵从父亲生前要他为乡里积德行善的遗愿，慷慨解囊，出资为故乡造桥修路、打井、赈灾济难，办了接婴堂、敬老院、义渡局和义学，对哺育自己成长的故土，表达了一份由衷的感恩之情。

1912年，上海再次爆发痧疫。享有盛誉的丁氏诊所和丁甘仁，再一次被推上了诊治时疫的第一线。这一次爆发的流行性烂喉痧，与1896年那一次有着明显的差别，使用原来的治疗方法却不见明显效果。当时的中西医界都还没有认识到这是细菌菌株变异的结果，一时有些束手无策。面对困境，丁甘仁懂得必须及时调整原有的治疗理念和方法。通过苦心孤诣的观察思考，从辨证施治着手，在继承马氏喉科医理的基础上，结合自己的临床经验，他很快创立了从温病卫气营血辨证治疗喉痧的新理论，从而找到了有效的治疗途径："重痧不重喉，痧透喉自愈"；"以发汗透痧为第一要务"。总的治法分三个层次：喉痧初起，邪郁于气分，当解肌透痧；中期疫邪化火，由气入营，当生津清营解毒；末期痧子布齐，气分之邪已透，再用大量滋阴润肺之品，或用下法，急下存阴。他这一突破性的成果，为他在运用温病学说治疗时疫喉痧的学术领域确立了重要地位。

丁甘仁的这一新理念和施治方法，在第二次痧疫大流行期间，取得了很大成功，也为他赢得了新的荣誉。他以往出诊时用马车，此时改用了一辆崭新的舶来品轿车，成为上海滩第一位拥有私家轿车的中医。尽管这一交通工具的升级换代，丁甘仁当初并非出于炫耀而是为了提高诊治效率，但在人们的心目中，毕竟成了一种业绩和地位飙升的象征。

丁甘仁好学不倦，不管白天施诊多么劳累，到了晚上都要在灯下攻读医学经典，直至午夜。除了不断钻研《内经》、《难经》、《伤寒杂病论》、《神农本草经》四大中医经典，还熟读《脉经》、《医门法律》、《张氏医通》、《温热经纬》、《世补斋医书》等名著。他常对弟子们传授切身体会：读古人书，自己要有见识，通过思考和临床实践，方能心领神会，达到运用自如。在治疗伤寒类疾病方面，他总是根据伤寒邪从外来，循六经传变规律，辨别其夹杂情况，随机应变，施以适当治法，从而产生良好疗效。

丁甘仁的学术思想，要点在于理论与实践的结合，宗《伤寒论》而不泥于伤寒方证，宗温病学说而不拘于四时温病，用两家之长，因人而异，贯通古今，灵活应用。同时不断将实践经验上升为理论，创立寒温融合辨证体系，突破了寒温分立格局。

孟河医家都崇尚“醇正和缓”的医疗风格。丁甘仁亦认为：“和则无猛峻之剂，缓则无急增之功。”在临床辨证用药上，他以轻灵见长，擅用“轻可去实”之法。丁甘仁之临证用药，以“轻清灵验”四字为医家们所仰重。

丁甘仁临诊的医案独具风格，有理有法，因病辨证，因证处方，对初入临床的后学者具有很大启发。名医施今墨认为丁甘仁的理、法、方、药运用规范，在华北国医学院任教时，便以丁甘仁医案为教材亲自讲授。

丁甘仁毕生积累的成功医案无数，以下选列四案，从中不难看出他辨证施治的一般特点。

一、湿温

杨某，男，湿温7天，身热有汗不解，午后入夜尤甚，口苦而干，渴不多饮。脉濡滑带数，舌苔薄腻。伏邪蕴湿，逗留膜原，少阳阳明为病。前进达原宣化不应，今拟柴葛解肌加味。

软柴胡八分，清水豆卷四钱，仙半夏一钱五分，六一散（包，三钱），粉葛根一钱五分，赤苓三钱，六神曲三钱，泽泻一钱五分，甘露消毒丹（包，四钱）。

二诊服药两剂，身热较前大减，胸脘不舒，纳减少寐，余邪湿热未清，胃不和则卧不安也。脉濡滑，苔薄腻微黄。今拟芳香淡渗，以清余氛，更当避风节食，不致反复为要。

清水豆卷四钱，佩兰叶一钱五分，仙半夏

一钱五分，炒枳壳一钱，广藿香一钱五分，赤茯苓三钱，炒秫米三钱，炒麦芽四钱，通草八分，益元散（包，三钱），佛手八分，甘露消毒丹（包，四钱）。

二、杂病

李妪，旧有头痛眩晕之恙，今忽舌强不能言语，神识时明时昧，手足弛纵，小溲不固，脉象尺部细小，左寸关弦小而数，右寸关虚滑，舌光红。此阴血大亏，内风上扰，痰热阻络，灵窍堵塞，中风重症。急拟滋液息风，清神涤痰，甘凉濡润，以冀挽救。

大麦冬三钱，大生地三钱，川石斛三钱，生牡蛎四钱，生石决四钱，煨天麻八分，川贝三钱，炙远志一钱，天竺黄一钱五分，竹沥半夏一钱五分，鲜竹茹一钱五分，嫩钩藤（后入）三钱，淡竹沥（冲服）一两，珍珠粉（冲服）二分。

此方服十剂，诸恙减轻。原方去竹沥、珠

粉、天竺黄，加西洋参一钱五分，阿胶珠一钱五分。

三、时疫喉痧

唐世兄，风温疫疠之邪，引动厥少之火，蕴袭肺胃两经，疫喉痧 4 天，痧虽布但布而不透，身灼热无汗，咽喉肿痛白腐，妨于咽饮，烦躁懊侬，难以名状。苔薄黄，脉濡数。汗少便泄，邪有内陷之象。症势危笃，急宜辛凉疏解而化疫毒，冀疫毒之邪能得从气分而解为幸。

薄荷叶八分，净蝉衣八分，粉葛根二钱，荆芥穗一钱，生甘草八分，苦桔梗一钱，金银花五钱，连翘壳三钱，生赤芍二钱，大贝母三钱，炙僵蚕三钱，鲜石菖蒲八分，鲜竹叶三十张，鲜竹茹钱半，京元参钱半。

四、膏方

张某，女，女子以肝为先天，且肝为藏血之海。血虚不能养肝，肝气肝阳上升，肺失输布之权，胃乏坤顺之德，咳嗽已有数月，时轻时剧，动则气逆，脘中嘈杂。当此冬令收藏之时，宜滋养阴血，以柔肝木，崇土生金，而化痰湿。

南北沙参各三两，当归身三两，潞党参三两，米炒于术一两五钱，抱茯神三两，怀山药三两，清炙草五钱，潼蒺藜三两，大白芍二两，川象贝各二两，瓜蒌皮三两，炙远志一两，甜光杏三两，仙半夏二两，炙款冬一两五钱，血燕根三两，肥玉竹三两，熟女贞三两，煅牡蛎四两，广橘白一两，冬瓜子三两，制首乌三两，生苡仁三两，北秫米（包）三两，红枣四两，核桃肉去紫衣四两。

上药煎四次，取极浓汁，加龟板胶四两，清阿胶四两，均用陈酒炖烊。入白冰糖半斤，熔化收膏。每早晚各服两匙，均用白开水化服。如遇伤风停滞等证，暂缓再服可也。

爱国如饥渴
——儒医的拳拳之心

我国自古以来的从医者，除了民间巫医外，都是读书人。读书人也称士大夫，儒家对于士大夫的要求，形成了从医者的道德自律和“以天下为己任”的传统，所以东汉文学家班固说：“爱国如饥渴。”唐代药王孙思邈说：“古之善为医者，上医医国，中医医人，下医医病。”直接把医者治病与救国育人的大业联系到了一起。丁甘仁足以称得上是一位“爱国如饥渴”的大儒医。

1900 年（清光绪二十六年），由英、美、德、法、俄、日、意、奥八个国家组成的联军，借口清政府“排外”而大举侵华。这一年，丁甘仁 35 岁，正当盛年，业绩卓著，本可以全神贯注于他的医学事业，可是面对国运衰落，他深感痛心，不能不关注时势的演变。同年，沙俄出兵占领并焚毁我黑龙江北部重镇瑷珲，又胁迫清政府签订了屈辱条约。全国许多城市举行抗议集会，上海 300 余爱国人士也在张园集会，丁甘仁以中医界代表出席会议，大声疾呼，抗议沙俄侵略，抵制清政府的屈膝投降政策。

1905 年，由于美国政府长期实施歧视华工的《华工禁约》，引发了海外华人和国内民众的抗议浪潮。丁甘仁又一次挺身而出，率领上海中医药界，毫不迟疑地投入到这场全国规模的爱国运动之中。通过团结斗争，最终迫使美国政府收敛嚣张气焰，取消了按原定日期续签《华工禁约》的计划。

丁甘仁从不排斥西医，相反，他不断借鉴西医所长来变革中医。但是，他绝不妄自菲薄，对于千年国粹的中医始终满怀信心。1907 年 10 月，由法国天主教仁爱会主教帕里斯所建的广慈医院（今瑞金医院）落成，在隆重的开张庆典上，丁甘仁对一名美籍西医公然污蔑中医的言论极为震怒，当场接受宾主们的提议，为同样的两个伤寒病例，分别进行一次中西医的治疗对比。对比的结果，证明了中医的实际疗效，让挑衅者无话可说。报纸发布消息后，使不少怀疑中医的中外人士对中医刮目相看。

1910年，45岁的丁甘仁积劳成疾，不得不停诊养病。可是他不甘于宝贵的时光白白逝去，仍旧在病榻上钻研医学。他潜心思考前辈和同行们的行医经验，总结自己长期以来的临床实践，动笔写作《药性辑要》等医学著作。

就在此时，发生了一件意外的事情，打破了他养病生活的宁静。

深夜，有人用急切求救的声音，叫开了丁氏诊所的门。来者有三人，其中一人浑身是血。此时正是辛亥革命的前夕，上海原是孙中山先生领导的同盟会最活跃的地方。凭直觉，丁甘仁断定这三人是遭遇军警追捕的革命党人。他立即带病下床，吩咐两个儿子当助手，迅速为伤者敷药止血。刚包扎完毕，就听到门外传来军警搜查的脚步声和喊叫声。丁甘仁连忙嘱咐儿子领着三人通过后门，进入僻静的小弄堂，消失在夜幕之中。

天亮后，被丁甘仁治愈过重病的王贵登门报信说，他的把兄弟从巡捕房里得到可靠消息，警察在丁氏诊所门口发现血迹，怀疑丁先生私通革命党，很可能马上来抓人。丁甘仁不得已在家人的陪护下，立刻从十六铺码头乘船避难杭州，经友人介绍，住进了西湖北侧的一座寺庙里。这所名为“菩提精舍”的寺庙，虽然显得陈旧，却很宽敞和隐蔽。僧人们知道丁甘仁是来自上海的名医，分外尊敬，处处关照他，有的和尚还借此机会向他学习医药知识。

在避难兼养病的孤寂生活中，丁甘仁耳濡目染，也对慈悲为怀、积德从善的佛学产生了兴趣。每当他听到众僧的诵经声，就会有醍醐灌顶、甘露沃心般的快慰之感，觉得佛道与医道有着某种内在的相通，便开始向和尚们学习佛家教义，并且一道诵经拜佛，还熟读了《慈经》、《本缘》和《金刚经》等佛学经典。

一天，大队清兵来到菩提精舍一带搜剿“乱党”，与革命党人发生了激烈枪战。有人及时地把丁甘仁藏到一处秘密的地窖中，逃过一劫。此时，丁甘仁才发现，负责保护他的革命党人，正是不久前在上海由他援救脱险的那位伤员，名叫夏超。他还同时明白：菩提精舍就是同盟会的一处秘密据点，许多和尚实际上是隐蔽的同盟会志士。丁甘仁把菩提精舍看做是菩萨特别庇佑的福地，在众僧面前许下了一个心愿：日后一定要出资重修菩提精舍，以彰显这一块包含了慈悲禅意和革命精神的净土的风采。

半年后，丁甘仁的病体基本康复，便回到

上海的寓所。此时的上海，正处在光复的前夕，"山雨欲来风满楼"，自身难保的清政府乱成一团，已顾不上一般的"嫌疑犯"了，丁甘仁便重新操持起熟悉的诊所。伴随着 1911 年 10 月 10 日武昌起义的成功，新的时代开始了，丁甘仁又意气风发地投入到他的岐黄仁业。

君子言而有信。若干年后，丁甘仁带头捐资并发动重建菩提精舍。新庙于 1924 年落成。《创建菩提精舍缘起碑记》今犹在，丁甘仁的名字镌刻于发起人的首位。

1921 年 11 月 26 日，上海中医学会正式成立，丁甘仁被推选为会长。为扩大中医学的影响，有利于同道们的切磋交流，在丁甘仁的主持下，又创办发行了《中医杂志》。上海中医学会最初会员只有百余人，8 年后发展到千余人。

高瞻远瞩
——开创中医教学新纪元

1912年，丁甘仁买下了上海白克路（今凤阳路）珊家园人和里的一处房产，二层楼，有庭院，有车库和门房，相当宽敞，经过装修，添加了诊室和各种医用房。丁氏诊所欣欣向荣，而丁甘仁并不满足于既得成就，为了昌明中医，他志在高远，其视线超越自己的诊所，又有了新的奋斗目标。

19世纪后半叶，随着门户开放，西医和西药开始进入中国，西方的教会和实业界纷纷在中国建医院、办学校、设药厂。在这样的情势下，中医药面临着存亡绝续的严峻考验。尽管中医的内涵博大精深，但历经数千年，一直停留在自然经济状态下的个体劳作方式。中医的发展，靠师徒传承显然已不能适应社会发展需要，且分散经营，各成系统，良莠不齐，单靠经验维持疗效，无法建立统一标准和实施科学检验，很难进一步普及和提高。中医要发展，必须借鉴西方的教育模式，创办正规学校，通过系统科学的培养，才能造就新人才。这是时代赋予中医的新使命。以丁甘仁为代表的中医界明达之士，早已形成了共识。为了创造条件，尽快将这一共识付诸实施，第一步就是努力把独立行医和个别执业的中医药者组织起来。

崇高的理想，必然伴生巨大的动力。当年，丁甘仁参与发起组织中华医药联合会，任联合会董事和医部副会长。次年，又参与发起成立神州医药总会，任副会长。有了组织，便能凝聚力量，可以集体表达自己的意志和愿望。

办学校必须有足够的资金。丁甘仁身体力行，他在从医的同时，斥资参股上海最有实力的“钱存济堂”国药店和“中和”大药房两家药店，开始积累办学经费。他还与另外一位新药商人席裕麒合作，共同研制了一系列常用的中药丸散产品，通过报纸、杂志、广告扩大销售。当时的上海，是中国最大的鸦片集散地，大小烟馆公然营业，无数烟民吸毒成瘾后倾家荡产，妻离子散，又苦于不易戒绝。丁甘仁便运用他的现成医方，同“中和”大药房联手研制了戒除鸦片毒瘾的“戒烟丹”，借机又发动了一场戒烟运动。此药效果显著，当时《申报》有专家评论丁甘仁领头研制出“戒烟丹”，乃是“大善之举”，竭诚为之宣传推广，致使这一新产品在造福社会的同时，获得了丰厚的回报。丁甘仁毅然将自己的所得份额，全部投入到办学中。

“戒烟丹”的畅销，使吸食鸦片者骤然减少，惹怒了许多靠贩卖鸦片发财的黑心商人和“青红帮”，黑恶势力便把丁甘仁视为眼中钉，开始对他进行骚扰和恫吓。这种劣迹反衬了丁甘仁推动戒烟的正义性，又同时宣传了丁甘仁为准备兴办中医学校积累资金的崇高动机，获得了民众对他的同情和支持。在昂扬的舆论压力下，市政当局也不敢怠慢，连忙调动警力对丁甘仁实施了有效保护。

丁甘仁为创办中医学校的不懈努力，获得了社会各界的热烈响应。除了中医名家，还有文化名人和商界巨贾，有的在道义上给予支持，有的在经济上提供赞助，有的直接参加了各项筹备工作。其中出力出钱最多的，自然就是丁甘仁。随着他的医术日益精进，诊所的业务不断扩大，收入也大为增长，他以前把所有收入大都反馈给社会，投入到了慈善事业中。自从创办中医学校的目标被列入工作计划以后，他便把自己的资金汇注到这一个重大项目上，几乎到了为办学而不惜倾其所有和不遗余力的地步。

辛亥革命前后，民间也曾经出现过小规模

的私立中医学校，不幸相继夭折。在恶劣的情势下，丁甘仁知难而进，以坚定的意志，团结同仁志士，开始复杂艰苦的办学准备。筹足了一定资金后，要制定规章制度和教育大纲，物色师资和管理人员，设置课程，选择教材课本，落实校址，等等。在没有现成经验可供借鉴的情况下，一切都得从头开始，探索前进。

从师徒传承到学校育才，就中医界来说，这是一个巨大飞跃。丁甘仁不求表面上的热热闹闹，只求能够成批地培养出优秀的中医人才。他经过长期研究思考，早已成竹在胸。从预定的办学方针和教学内容，就不难看出他的远见卓识。他主张维护中医的核心内容，同时又兼收并蓄，决定引入西医的生理、解剖等现代课程，使未来的学生具备多方面的知识，能够适应社会变化，促进中医药推陈出新，融入飞速发展的时代。

1916 年夏，酝酿已久的办学计划付诸实施，“上海中医专门学校”的校名正式见报。当年7月1日至7月15日、7月28日至8月7日，上海《申报》连续两次共计26天，刊登上海中医专门学校的招生广告。广告由丁甘仁、夏应堂和费访壶共同署名，强调学校获得国民政府教育部和内务部的正式批准，办校宗旨是“昌明医学，保存国粹”。招生条件为：16～20岁，国文成绩优良，书法端正，身家清白，身体健全。招生名额暂定40名，学制5年，学费每半年按预科和本科的不同，分别为大洋24元和31元。对外埠学生，学校提供食宿。

在发布广告的同时，丁甘仁又通过报刊发表了一篇2200余字的宣言书，全名为《创办上海中医专门学校丁甘仁宣言书》。宣言书谈古论今，广征博引，大声疾呼振兴中医刻不容缓。“竞争乃出，优胜劣败，天演公理。鄙人怵他人之先我，悯国学之就湮，所为不遑自恤，而有中医学校之设也。”“今者中医式微，西医正炽；

名山秘阁之藏，半沦荒裔；斜上旁行之学，散布中邦。当欧风美雨之侵，犹在亡羊补牢之际，倘仍因循放弃，玩物岁时，觥觥国粹，一发千钧，顾瞻前途，未知所届。”“诚以世界之大势，竞进文明，故步自封，断难立国。”“教育新理，层出不穷，学子思潮，一日千里，先普通而后专门，入门阀而升堂奥。管子有言：‘民夫别而听之则愚，合而听之同圣。’学校之道，亦犹是也。”这些话，在今天听来，依旧有振聋发聩之感！

1916年8月23日，这在中医史上将成为一个标志性的重要日子。这一天，一所崭新的中医学校开学了。这一天，意味着中医从此昂首挺胸放眼世界，迎接时代的挑战，将更好地服务于亿万人民，为中华国粹争取新的光荣。这一天，开创了中医教育的新纪元。

学校的组织管理实行总理负责制。丁甘仁为总理（后来改称总主任），下设协理两人，由夏应堂和费访壶担任。校长为谢利恒，主管教学事务；事务主任兼会计为徐访儒，负责校内的各项行政事务。另有管理员、文书和庶务员各一人。建校之初，丁甘仁就亲自制定了校训："精勤诚笃"。这四个字，前两字指学业，要求学贵于精，勤奋治学；后两字指做人，要求诚信待人，笃志不渝。正是在这样的精神感召下，上海中医专门学校先后汇聚了许多专业精深、品格高尚的中医名家，担任管理和教学工作。

上海中医专门学校是一所全日制学校，全程学期为5年。预科两年，主要学习基础理论，包括生理学、病理学、药物学、诊断学、国文、修身、体操等课目。生理学的讲授内容，吸纳了西医的解剖知识；病理学讲授医学通论、阴阳原理、六气之淫、七情之变等；药物学讲授本草药性、古今方歌诀、药品识别与炮制方法等；诊断学讲授四诊通论、脉诀、舌色等内容；国文除讲授《古文观止》，还教练书法，要求学生必须学好楷书和草书；修身课则学习古代贤圣的至理名言，以陶冶情操，端正为人之道和医德医风；体操分健身与疗疾两方面，还请来武术家教习强身武功。本科3年主要讲授医学专门知识和临床各科内容，包括内科（含伤寒、温病、杂病）、妇科、幼科、外科、眼科、喉科等。学程中还设定针灸、骨伤两科为选修课，由学生根据自己的能力和兴趣爱好自行选学。预科阶段的教材大多由任课教师自行编写。身为学校总负责人的丁甘仁也兼任教职，亲自编写了《脉学辑要》和《药性辑要》等讲义（这两册讲义于当年由思补山房刊印出版）。本科3年的课本则大多选用明清时期著名医家的著名医籍。

看看丁甘仁聘请的几位骨干人选，就不难显示上海中医专门学校的独特风格和新颖面貌了。

夏应堂，名绍庭，幼年立志学医。他的学

术思想崇尚经典而不泥古，擅长温病诊治，因此医名鼎盛，在沪上中医界与丁甘仁齐名，二人被誉为“医界瑜亮”（“瑜亮”意指周瑜和诸葛亮）；因为夏在南区，丁在北区，故有“南夏北丁”之称。夏应堂于1911年担任中华医药联合会副会长，主编《中华医药报》。自从参与创办上海中医专门学校后，又与丁甘仁、谢利恒等人共同创办了上海女子中医专门学校，先后担任校长和副校长。还担任过上海市中医学会副会长、上海中医协会会长、中央国医馆上海分馆馆长等职。

谢观，字利恒，江苏武进县孟河镇人，出生于当地望族和名医世家，学识渊博，著作丰硕，并主编《中国医学大辞典》。他不但精通医学，在文学上亦有高深的造诣，同时还担任过《辞海》编辑。

丁甘仁遴选的教师，都具有真才实学，胸襟开阔，热爱中医事业。其中有一位留学德国归来的西医，名邵骧，对中医不抱歧见，坚信中西医各有所长，可以取长补短，共同发展。因此，当丁甘仁诚邀他担任解剖课程的教师时，他便欣然接受，全心投入。丁甘仁还聘请了毕业于同济医科学校的陈殿与担任生理教员，为古老的中医引入新知识。丁甘仁又聘请了前清举人郑传笈为国文教员，这位医儒皆通的书生，为丁甘仁求贤若渴的精神所感动，竭诚相报，后来写了不少呼吁振兴中医的文章。学校的公文也大多出于他的生花妙笔。

上海中医专门学校的早期教员和管理者中，还有许多出色人物。例如：曹颖甫，自幼爱好医学，以张仲景学说为指导，敢以峻方重剂力挽沉疴。他又擅长诗文和丹青，授课爱用启发式，深得学生们的爱戴。其禀性耿介，嫉恶如仇，古稀之年在故乡江阴遇日寇烧杀抢掠，扶杖出门痛斥贼兵，惨遭枪击壮烈牺牲。又如薛逸山，行医数十年，救人无数，名噪一时。曾担任上海中医专门学校副校长职，辅助夏应堂掌管校务。他毕生勤学，积极吸收新知识，年过70自学英语，年过80又习化学。他还笔耕不辍，著有《新医撷要》等近30卷。其他还有黄体仁、包识生、余继鸿，此后还有丁福保、陆渊雷、祝味菊等。一些上海中医专门学校的早期毕业生，相继成为著名中医，怀有对母校的感恩心情和振兴中医的责任感，留校担任教员，又成为优秀的中医教育家。这些新秀中，有秦伯未、程门雪、黄文东、章次公，等等，不胜枚举。这些国医俊彦，包括相继造就的新颖中医人才，都继承了丁甘仁的品德和敬业精神，成为中医奇葩的优秀种子，播撒到了全国各地，各放异彩。

丁甘仁不愧为儒医大家，他常说“学无止境，见闻宜广”，除了刻苦钻研医学专业知识外，也关注各项人文地理知识，热爱古典文学，擅长诗词和书法。他的医方都用统一的朱印纸笺书写，一手行书精妙灵动，每一张医方几乎都称得上是一幅书法作品。他特别重视培育学生的文学素养。门人中的佼佼者秦伯未考入上海中医专门学校的那年才15岁，对此印象极为深刻，直至晚年还在深情地跟弟子们回忆说："初到丁师门下，丁老首先要求学生背诵《古文观止》中的220篇文章，每天背1篇，天天如此。尤其是诸葛亮的《出师表》，陶渊明的《桃花源记》，苏轼的《前赤壁赋》、《后赤壁赋》等，更要求背得滚瓜烂熟，一气呵成。当时虽然觉得乏味，然而古文程度与日俱增，从此博览群书也就觉得容易了。"秦伯未还说："中医学校的学生们遵照丁老的指导，多学文史知识，提高文学修养，漫步学林兴味盎然，实在是得益匪浅。"如果说单一的研讨医学可以掘出运河，那么整个文学修养的提高，则有助于酿成江海。正因为这样，秦伯未一生著作等身，文采斐然，所以他永世感念着丁甘仁的教诲之恩。

由小渐大，由弱转强，这是一切新生事物成长的共同规律。上海中医专门学校的校舍，就设在丁甘仁宅邸兼诊所的白克路珊家园人和里，因陋就简。第一期学生仅有20余人。因为办学有方，学生渐渐增多，闻风而来的求学者遍及全国，后来大都成为中医界的栋梁之才，实现了丁甘仁“宣言书”中所说的美好心愿：“今日之莘莘学子，异时之佼佼良医，鄙人之希望也。”

按照原定规划，一待中医专门学校正式开学之后，丁甘仁就把筹建配套中医院的项目提上了议事日程，以求为中医学校尽快建立临床实习基地，同时扩大施惠于贫民求医之需。1917年春，经丁甘仁提议，并在他的崇高精神感召下，广益善堂召开董事会，开始为筹建中医院募集资金。上海商会巨头朱葆三、著名居士王一亭等立刻作出热诚响应，董事们都踊跃捐资。其中陈甘棠捐出了自己在劳勃生路（今长寿路）谈家渡的 7 亩土地和楼屋 10 间，孙良臣也捐出南市石皮弄长寿庵的旧址，作为建设医院和扩建中医学校的校舍之用。董事会又作出决议：筹建中医院和招聘医护人员等各项事宜，由丁甘仁全权负责。

有了土地、房屋和资金，广益善堂就在上海市的南北两地各建起了一所中医院，均称为“广益中医院”。同时在石皮弄建起了上海中医专门学校校舍，使学校有了固定的校址。

尽管中医学校和附设医院的建设有了一个良好开端，但是中医办学作为一项新兴事业，既缺乏雄厚的物质基础，又没有可供借鉴的现成经验，每前进一步，都不得不付出艰辛的劳动。其间，为了医院装修、购买设备和招聘工作人员，丁甘仁宵衣旰食，不停地奔波操劳。仅仅为了解决经费的短缺，就陆续向社会募捐八次，才使南北市区两所中医院的内外装修得以完成，投入使用。两所中医院规模相等，都设有门诊、病房和药房。门诊设内、外、妇、幼、针灸等科，当场施诊给药，对贫民仅收1角诊费（其他诊所通常为1元2角上下），并且送药1帖。病房则根据不同条件，按甲、乙、丙三个等级收费。两所中医院的基本宗旨，除了为中医学校的学生提供临证实习和教学场所，就是为贫民服务。

不论丁甘仁的日常工作多么繁重，头绪多么纷杂，他都从来不放弃诊疗和教学实践。通常安排是上午坐诊，带多名学生见习；下午出诊，领着多名学生同坐一辆车到病家，让学生观察诊断和处方治疗的全过程；在返回的路上，师生一道在车里对病人症状和用药原理进行讨论，教学方法生动活泼，在融洽的气氛中，使学生的学识快速增长。

1918年夏，南北广益中医院正式开业。开业当天，上午进行义诊，下午则举行隆重的开幕仪式。上海的医界同仁、社会名流以及政府官员应邀到场，上海中医专门学校的全体师生也参加了开幕式，气氛异常热烈。暑假过后，上海中医专门学校在石皮弄的新校舍落成，学校从珊家园人和里丁宅的临时校舍迁入了石皮弄的新校舍。

同年 8 月 27 日，在新校舍举行开学典礼，总主任丁甘仁和校长谢利恒致辞。丁甘仁还为坐落在沪北广益中医院内的一块纪念碑揭幕。碑文记载了广益中医院的建院意义和经过。碑文中说："上海自通商以后，迄今六十七年矣。商埠既盛，善举毕兴，其以建设医院闻者，非不前后接踵，然皆争奇竞新，专尚西医。至本岐黄治术以治人，而为吾中国医院先河者，则自广益中医院始。""世界愈进化，则竞争愈激烈，而优胜劣败，实为天演之公例，吾中国医学，发明于先圣，详备于后贤，诚与日星同昭矣。""建中医专门学校于城中，以培植后秀，而分设医院，以广其治术，此则有助于医学者甚大，而不仅便利四民矣。落成复列共事诸君于碑后，以志不忘，亦礼也。”

碑文的字里行间，闪烁着丁甘仁及其同仁们振兴中医的责任感和必胜信念。

1925年夏，丁甘仁又与夏应堂进一步联手合作，办起了上海女子中医专门学校。校址设在沪北广益中医院内。中医女子专门学校由丁甘仁任校长，夏应堂任副校长。各科教师多由上海中医专门学校的任课教师以及广益中医院的住院医师担任。女校的学制与男校相同，教学科目包括：修身、国文、生理学、病理学、药理学、诊断学、妇科学、产科学、幼科学、内科学、外科学、喉科学等。招生条件是：16岁以上、26岁以下的女性，国文精通，书法端正，品行纯和者。由于丁甘仁和夏应堂两人在医林享有盛誉，远近有许多闺秀淑媛前来报名应考。

上海中医女子专门学校的创立，引起当时

社会的高度关注。上海第一大报《申报》载文评论，认为这是“上海中医界的奇突之进展，足以慰吾人之渴望”，可以“造就家庭医学，此非特为女子谋一独立生活技能，抑且为未来之贤妻良母预备一种特殊学问，讲求生育卫生，其旨甚宏”。这样的评论无疑还受着时代的局限，没有看到在重男轻女的社会条件下，针对中医界历来排斥女性从业的陋习，有着开启女性才智、促进妇女解放的意义。后来，由于经费困难等原因，中医女子专门学校实际上只办了两年多，在丁甘仁去世后，男女两所中医专门学校便合而为一，校名仍为上海中医专门学校。

丁甘仁创办上海中医专门学校，突破北洋政府歧视和压制中医的政策，艰辛备尝，终于取得了胜利。这个过程，对整个中医界以至文化界都带来鼓舞和启迪。人们意识到，中医要生存和发展，必须适应时代的需要，用先进的方法创办中医学校，在吸收西医经验的同时，坚守本民族固有的中医。如果屈从内外压力，放弃中医教学这块阵地，就等于自取灭亡。以此为契机，上海中医界兴起了办学的高潮，北京、广州、杭州等地也先后办起了同类中医学校。这些中医教育机构陆续培养了大批中医人才，为我国后来的中医药事业发展奠定了基础。而值得一提的是，这些中医教育机构的创办者中间，有不少人成才于上海中医专门学校，是丁甘仁的弟子门人。因此可以说，丁甘仁对于中医事业的生存和发展，功垂千秋！

力挽狂澜
——擎起捍卫中医的大旗

在风雨飘摇的岁月里，丁甘仁在中医事业中每前进一步，都要经过艰苦卓绝的奋斗。

1912 年 4 月，北洋军阀袁世凯窃取辛亥革命成果，成立北洋政府。7 月召开中华民国第一次教育会议，制定新学制，悍然把中医排除出教学和医疗体系，使广大中医药从业者痛感被歧视被抛弃的耻辱，接连发出谴责和抗议之声，史称“中医漏列事件”。这一事件关系着中医的生存和前途。中华医药联合会为此召开会议，于上海商讨“志为请愿救亡之举”。会议决定组成全国中医药请愿团赴京请愿。请愿团到京后竟被拒之门外。时任教育总长的汪大燮公开声称：“中西医致难兼采，余今后决意废去中医，不用中药。”同时拒绝了中医界提出加入医学系列的要求，进一步激起中医药界的愤怒。丁甘仁多次发表演讲和文章，据理力争。他说：“我国之医肇自上古，代有名人，典籍灿然，蔚以巨观，最精国粹，实唯医学。盖医学之兴衰，唯教育为之关键。”他又一再强调：“昌明中医，莫如设立学堂。”他和中医界领袖们的齐心努力，激发了中医界的空前团结，主张兴办中医学校的呼声越来越高。有人还在报刊上著文，大胆指责北洋政府实行“民族虚无主义，崇洋媚外，歧视中华文化”。

丁甘仁决心对抗北洋政府的弊政，要为兴办中医学校而奋斗到底。他意识到在进行舆论准备的同时，必须作好物质准备，所有不得人心的政令法规终究会被废除，只要有了足够的资金，随时可以兴办中医学校。

随着物质条件的准备逐步就绪，丁甘仁的工作重点有所转移。他殚精竭虑地想方设法，要尽快突破政府对他创办中医学校的限制。既然北洋政府教育部已经拒绝将中医办学列入教育体系，不准创办中医学校，教育总长汪大燮还敢冒天下之大不韪，公开叫嚣要废弃中医药，那么，是不是可以采取越级申请呢？他想起了由于自己的医名远播，直达京城，有不少达官贵胄先后来沪找他治过病，其中就有袁世凯的亲信管家兼北洋政府要臣袁乃宽，北洋军阀、长江巡阅使兼安徽督军倪嗣冲等人。1913 年，袁世凯本人也曾经来到上海，请丁甘仁治疗他在北平没治好的病。可否利用这样的人脉关系“上达天庭”，直接上书大总统袁世凯，吁请他批准创办中医学校呢？毕竟消极等待弊政的变革遥遥无期，不如主动争取办学的早日合法化，才是上策。

1915 年夏，丁甘仁发动夏应堂、费访壶、谢利恒等 14 位著名中医，草拟了一份呈文，题为《公民丁泽周等为筹办设上海中医专门学校呈大总统文》，经反复讨论定稿后，联合署名直送大总统袁世凯。与此同时，也拟定了一份《呈各部文》，主送内务部、教育部等有关政府部门。

《呈大总统文》慷慨陈辞，开宗明义地阐述了振兴国医、开展现代中医教育的必要性与迫切性："若今不图，坐视中医之日衰，中药之日废，已可扼腕。且吾华四百兆民命，悉悬于外人之手，生死之权不能自主，天下至可惨痛之事，孰有逾此？"另一篇《呈各部文》，虽不足500字，其主题已不限于申请立案与办学的合法化，字里行间迸发出对政府当局歧视中医的愤懑之声。其中说：

"盖医学之兴衰，以教育为关键。欧美各国，校立专科，官设专职，年限成绩，考察严密，医学所用能日进也。我国则不然，官长视为末技，人民视为小道，各有师承，各分派别，无年限，无成绩，畛域藩篱，即出应世，如此欲望医道之进步难矣。虽间有杰出人才，亦由好学之士遍读群书，深资历练，而后有成。以少数与多数敌，未见其能胜也。”

呈文既已上送，丁甘仁在期待批复的同时，就着手办学的各项准备工作。

愿望毕竟不能代替现实。当时的政治环境是那么严酷，西医步步紧逼，北洋政府公然蔑视中医，挫伤国人的感情。而呈文送京半年多，竟一点消息也没有。此时的大总统袁世凯，正在忙着复辟帝制，一心做他的皇帝梦，哪里会顾得上民间办学发展中医之类的“区区小事”！

历史的演变出人意料。窃国大盗的倒行逆施，激起了举国震怒，多省宣布独立，组成“护国军”发动讨袁战争。在风云变幻的政治形势下，原以为“呈文”将会被无限期搁置，而实际情况是，就在袁世凯因众叛亲离于 1916 年 6 月 6 日忧惧而死之前，已经把呈文转给了教育部，教育部又转给了内务部。不久，丁甘仁突然收到了内务部的批文，表示对所呈申办中医学校一事准予立案。随后，北洋政府国务院也下发了复文：

“查中国医学，肇自上古，传人代起，统系昭然，在学术固已蔚为专科，即民生亦资具利赖。前此部定医学课程，专取西法，良以歧行不至，疑事无功。先其所急，臻难兼采，初非有废弃中医之意也。来呈述理由五端，尚属持之有故，似办各宰，亦均具有条理，除厘定中医学校课程一节暂从缓议外，其余各节，应准分别筹办。仍仰随时呈明地方行政长官立案，俾资查考以便维持。此批。”

看来，北洋政府也有聪明之处。在四面楚歌的窘境下，他们顿悟到废弃中医等于亵渎炎黄祖宗，民心不可侮，只好来个急转弯，顺水推舟，准予筹办中医学校。稍有枝节性的保留，只是为了维护体面而已，不再构成前进障碍。

至于批文中赞颂中医，并为原先废弃中医的错误作辩解，也不过是欲盖弥彰罢了。

北洋政府对待中医办学态度的转变，是中医界坚持斗争的胜利。丁甘仁和他的同仁们兴高采烈。但是，总是有一股崇洋媚外的势力，不甘心退出历史舞台。随着列强诸国用坚船利炮打开中国大门，面对西风东渐，一些数典忘祖的政客和昏庸谋士，曾效法日本明治维新“脱亚入欧”时期取缔中医的极端做法，公然制定政策，企图禁绝中医。自民国建立到抗战爆发的20多年里，不论是北洋政府还是南京国民政府，一直没有停止运用行政和法律手段限制和打击中医。

这个时期的中医事业，连连受到歧视打击，只能在困境中挣扎求生。上海中医专门学校的建立，正是在这种险恶的政治背景下奋力拼搏的产物，从而使中医事业的发展出现了一个崭新的转折。擎起抗争旗帜的领头人，便是丁甘仁。

经过抗争，北洋政府虽然最终批准了上海中医专门学校的建立，后来也没有阻止上海中医女子专门学校的诞生，但是，中医在全国医疗卫生事业中的合法地位并没有确立，中医教育并未被列入政府颁定的正规教育系统，中医学校的头顶依旧悬着一把利剑。为此，丁甘仁以上海中医专门学校和上海中医女子专门学校学生会的名义，于1926年1月和2月致电当时的教育总长章士钊，要求教育部尊重全国中医界的请求，改变不合理的现状。

上海中医专门学校的电文如下：

“教育总长章电鉴：查今世界各国莫不以固原之文化为立国之要素。我国医学发明最早，其诊断则深切著明，其学术吉皇宏大，保障人民，历数千年之久，实我国固原之文化不可磨灭。故中医有加入学校系统之必要。今贵部会议谓以不合教育原理，不予照办，殊为诧异。

夫以中医不合教育原理，则请贵部为发扬文化，保全民命计，复将原案郑重会议，定其所请。不胜迫切待命之至。”

上海中医女子专门学校学生会的电文如下：

“北京教育部章总长电览：慨自海通以来，外力日益伸张，国粹日受摧残。我中医界经此打击，力谋振兴，创学校以造人才，设医院以济贫病。晚近若鄂、晋、浙、苏，学校林立，我女子中医专门学校亦应社会需求而产生。力挽狂澜，砥柱中流，其维持国粹之苦心，人所共鉴。在贵部当竭力提倡，庶事半而功倍，则中医不难媲美西医。讵意贵部竟不允所请，歧视中医为不足提倡，而听其摧残乎！要知摧残中医，即摧残国粹，国粹沦亡，国于何有？本会受良心之驱使，不忍坐视，特再电请陈予照办。不胜迫切待命之至。”

这两份电文，义正辞严，视大人而藐之，唯真理是崇，不仅为中医教育事业呼吁，也是为中华文化立言。这是丁甘仁向弊政抗争的绝响，抱有孤注一掷般的决绝心情。他曾经引用李商隐的《无题》诗以自勉："相见时难别亦难，东风无力百花残。春蚕到死丝方尽，蜡炬成灰泪始干。"表达了一位充满民族良知的中医教育家不畏强权、不屈不挠的大无畏精神。

国民政府定都南京后，受行政院长汪精卫的支持，"废止"中医者再度得势。到了1929年，"废止"中医的逆流又一次涌起于神州大地。这一年的2月，在南京召开的国民政府卫生部第一届中央卫生委员会上，通过了由余云岫提出的《废止旧医以扫除医事卫生之障碍案》的提案。

余云岫，名岩，1916年毕业于日本大阪医科大学，回国后历任上海医师公会会长、国民政府财政部卫生专门委员会委员等要职。他对中医采取了全面否定的态度，断言"中医是杀人的祸首"。他的废止中医提案，内容包括勒令中医限时登记、中医不准登报宣传、禁止开设中医学校，等等，妄图彻底消灭中医。自这一提案公布之日起，中医界面临有史以来最为黑暗的一幕。

1929年，是“四一二”政变的第三年，国民党正忙于“清党”，疯狂捕杀拥护孙中山先生制定的“联俄、联共、扶助农工”三大政策的爱国分子，冤狱遍于国中；军阀重开战，“剿匪”的硝烟又弥漫南方各省，正闹得天怒人怨。此时，丁甘仁逝世已经3年。使当局未曾预料到的是，尽管白色恐怖笼罩域中，捍卫中医的抗争，竟会来得如此迅猛！走在这场抗争最前列的勇士，恰恰是丁甘仁的挚友和他的学生。

上海中医专门学校毕业的高才生陈存仁（丁甘仁次子丁仲英的门人）和张赞臣，一个29岁，一个25岁，血气方刚。两人一碰头，立刻找丁甘仁的挚友、上海中医专门学校的校长谢利恒商量（谢也是张赞臣的老师），决定召集全国中医药界的代表到上海开会，弘扬丁师敢于向北洋政府抗争的精神，采取一致行动，对那个伤天害理的“废止旧医案”一反到底，团结全国中医界，共同为生存而斗争。陈存仁公开在报上发表文章，辛辣地抨击执意取缔中医之人。

当时的上海，是全国的经济文化中心，尽管得风气之先，西医发展的势头比较强劲，但西医的总数尚不过600余人；其他大城市的西医，一般只有一两百名。至于县城以下的广大农村，西医大都还处于空白状态。全国西医的总数约仅6000人。此时，百姓们治病，主要还是依靠中医中药。全国的中医中药从业人员，是一支500万人的庞大队伍。根据这样的国情，一个管辖四亿人口的国民政府，竟会作出废止中医的荒唐决策，令人匪夷所思！消息一见报，激起众怒是可以想象的事了。一时间，各项抗议活动便轰轰烈烈地展开于上海滩，影响波及全国。1929年3月17日，各省市有262位代表迅速集中到上海总商会，喊出“保卫中国医药，就是保全中国文化经济”的口号。代表大会一连开了3天，推选出5人组成请愿代表团，即日赴南京请愿，严正要求国民政府取消废止中医的提案。

五人代表团由谢利恒任团长，陈存仁为团员之一。以500万人为后盾的五人代表团一路凯歌，火车每到一站，都受到群众的热烈欢迎和呼应，直至抵达南京。强大的舆论力量，终于迫使“废止旧医案”变为一纸空文，成了历史的笑柄。

每一次关于中医的“废”与“立”之争，归根结蒂都是一种文化之争，最后都是以奉行民族虚无主义的“废止”派的失败而告终。1929年这一场声势浩大的抗议南京政府废止中医的斗争，原是1913年抗议北洋政府取缔中医斗争的继续，新的“废止”派主将余云岫照样败下阵来。人们看到整个斗争浪潮中，都有着丁甘仁先生的身影和精神。当时人们赞颂道：“死诸葛吓走生仲达，丁甘仁先师英灵不朽！”

遍地芬芳
——先师遗愿普绽花朵

1924年，59岁的丁甘仁因运用精湛医术服务民众，屡起危疾。历年来经他治愈的病人不下万余。他披荆斩棘创办中医学校获得成功，对振兴中华民族的岐黄文化具有承前启后的意义。他又热情支持各项慈善事业，为社会作出很大贡献，受到广泛赞颂。当时在上海的孙中山先生曾以大总统的名义，特地亲书“博施济众”四字，制成匾额，颁赠丁甘仁，悬挂在上海白克路人和里诊所大厅，以示嘉勉。这在当时，可说是一项至高无上的荣誉，标志着丁甘仁的道德品格和光辉业绩，已经成为全国民众的楷模。

丁甘仁永不满足于既得成就。他还有更加

美好的梦想：在相继创办了两所中医专门学校之后，准备“添筑房舍，改组大学，为中医界最高学府，开国学光明之路”。为了实现这个宏愿，他决定将自己每月的门诊收入，按比例转广益中医院收存，一直到年迈体衰不能坐诊为止，一并作为改组大学的资金。

不幸的是，时隔两年，刚过60岁的丁甘仁鞠躬尽瘁，匆匆地走完了他的人生路程。1926年入夏后，酷热异常，气温达到40℃，热浪滚滚，不断有人中暑患病。由于抢救病人过度劳累，他病倒了，从此卧床不起。经医治抢救无效，于8月6日溘然长逝。

丁甘仁匆匆地走了，多少亲友、同仁、学生和经他治愈的病人不忍他的永远离去，悲痛异常。从8月到11月的近百天时间中，上海各界举行了隆重的公祭活动。参加各项公祭活动的有上海中医专门学校和上海中医女子专门学校的全体师生，有南北两所广益中医院的职工，有上海医界同道、弟子门人，有中医药总会、中华医药联合会、江苏全省中医联合会、仓学书院、联义善会、仁济善堂、广益善堂、位中善堂、南部一善堂、上海孤儿院、上海残废院、孟河旅沪会，还有丁甘仁故乡的孟河常平会、武进荫沙义渡局、孟河接婴堂、孟河敬老院、文绣专科女校等，临近市县的社会团体如通江市文联社、无锡中医学会、镇江医学公会、扬州医学公会、兴化医学公会、丹阳医学公会等，也派人参加了祭奠和悼念。在沪的社会名流、军政界和商界人士，还有华侨代表和6个国家的驻沪公使，也参加了悼念活动。

丁甘仁逝世后，许多社会贤达和军政要员为寄托哀思，纷纷撰写祭文、悼词、挽联和颂诗。上海中医专门学校早期教员、名医曹颖甫还将所有祭文、挽联、悼词和颂诗编成一册《丁公作古纪念录》，付梓成书传于后世。其中，国民党元老、曾由孙中山任命为护法军政府财政总长的唐绍仪，写了一篇1400多字的祭文，称颂丁甘仁在孟河群医中“拔萃其首”，“仁心仁术”，“世之生佛”；在清军追捕中被丁甘仁救援脱险的夏超，辛亥革命胜利后，曾任杭州市警察局局长，此时为国民革命军第十八军中将军长，也敬献了祭文；当时任浙、闽、苏、皖、赣五省联军总司令的孙传芳，以及国民党元老、曾任国民政府临时参议院副议长的陈陶遗，曾任交通银行董事长的施肇曾等，也为丁甘仁敬献了悼词。一代国画巨匠吴昌硕的悼词与众不同，亦庄亦谐，情意深深：“君能医，我癖画。君乞画，辞以瘵。我画痴，君医奇。君有疾，不自治。呜呼！海上浮名尽如此，死而不忘乃无死。仙乎！仙乎！君传矣。”

公祭和葬礼肃穆隆重，人们称颂丁甘仁为“医宗”、“圣医”、“扁鹊再世”、“天生哲人”、“海上生佛”、“济世菩萨”。仁济善堂和通江市立学校还为悼念丁甘仁谱写了两首歌曲，一时广为传唱。

备极哀荣，追思绵绵。深切的悼念和眷恋，说明了丁甘仁在广大人民心中重如泰山的地位。他原是一位普通的乡镇医生，执著于悬壶济世的宏愿，走州过府到了上海，历尽坎坷磨难，矢志不渝，救人无数。他面对国内外贬遏中医以至必欲消灭中医的险恶逆流，挺身抗争，为中医的生存与发展，奔走呼号。排除万难，创办了上海中医专门学校，为中医教育事业作出了不可磨灭的贡献而永载史册。他又热心于各项公益事业，为广大的贫苦民众改善困境不遗余力。他心忧天下，操劳一生都为民族兴盛和中医昌明。丁甘仁，不愧为中华民族国医史上一位名不虚传的圣医！

丁甘仁走了，他的遗体被安葬在家乡武进孟河城外的嘉山，由近代著名学者郑传笈撰写碑文。丁甘仁走了，却留下了培育名医的摇篮，也留下了精粹、丰富的著作和为人、为医的高尚风范。

他的主要学术著作有:《药性辑要》、《脉学辑要》、《喉痧症治概要》、《医经辑要》、《沐树德堂丸散集》、《丸散膏丹国药配制法》、《成药全书目录》、《国医讲义》。

此外,由丁甘仁的子孙和弟子门人整理出版的重要医籍还有:《丁甘仁医案》、《思补山房医案》、《诊方辑要》、《丁甘仁用药一百十三法》、《丁甘仁医案续编》、《思补山房膏方集》、《丁甘仁晚年出诊病案》、《丁甘仁家传内外实用经验神效验方》、《百病医方大全》、《药签启秘》以及《丁氏理论捷径点传》等。

其中《丁甘仁医案》,为丁甘仁次子丁仲英和长孙丁济万汇编,1927 年由上海崇礼堂印行。书中刊有 8 位同时代医界名家的序言,对丁甘仁的医德医术作了竭诚推荐。全书共 8 卷,收集有丁氏医案 400 余例,1～6 卷为内科,7 卷为妇科,8 卷为外科。总的特点是不拘一家之言，兼采各家之长，创自家之见，辨证精准，立法严谨，遣方用药灵活，注重实际，突出疗效，体现了丁氏“轻、清、灵、验”的治学风格，为后世医家所倚重。

丁甘仁走了，但他留下的医学遗产和人格魅力将永放光芒。古老的孟河医派，正是借重丁甘仁的勇于探索开拓，走出乡镇州邑，在全国第一大都会上海牢牢地站稳脚跟，并且发扬光大，形成了源于孟河医派又自成体系的丁氏医派。在西医传入中国和政府当局推行废止中医政策的严酷形势下，中医药业面临生死考验，丁甘仁又肩负起组织中医药业变革图存的重任，创行业协会，办医学期刊，建中医学校，编医学教材，开展社会活动，把纸上的医方转化为医药产品，投入市场，扩大服务效益，也为中医药的发展奠定了经济基础。通过这一系列的努力，把原本属于家族型的中医学传统，融入了现代城市生机蓬勃的竞争环境之中，从而具备了能够适应时代发展的新型模式。丁甘仁不是政治家，而他依托精湛的医术和崇高的名望，让自己同国家、社会和民众休戚与共，命运攸关，用崭新的理念和不懈的努力，把自己的潜能发挥到了极致。丁甘仁不仅是中医临床家，又是中医教育家和中医改革家，他在中医药界的多方面贡献，具有一定的划时代意义，必将为人们久久传颂。

丁甘仁走了，庆幸后继有人，举目四望，已是桃李满天下。据统计，自创办上海中医专门学校起，至1948年国民政府勒令新生的上海中医学院停办的30年间，学校共培养了869名出色的中医人才。这些中医人才渐次成了当代中国中医药事业的中坚力量，成为中医界的代表人物。例如“丁门三杰”——程门雪、章次公、秦伯未，以及黄文东、张赞臣、曹仲衡、刘佐彤、王一仁、盛梦仙、张伯臾、许半龙、陈耀堂、王慎轩等诸多名医大家，均出自丁师门下。

丁甘仁的直系后裔中，也不乏岐黄仁术的优秀传承人。其次子丁仲英，字元彦，尽得父亲薪传，很早就成为了上海名医，先后主持上海中医专门学校、上海中医学会和南北广益中医院的行政管理与医务工作。1928年，与夏应堂、蔡济平等人发起，联合上海的3个中医学术团体——上海中医学会、神州医药总会、中华医药联合会，成立了上海市中医协会，并担任常务理事。1931～1936年，又先后担任中央国医馆理事、上海市国医分馆馆长及上海中医学院董事会主席、董事等职，为上海中医药界的团结凝聚作出了很大贡献。长孙丁济万，名彬臣，自幼在祖父身边侍诊实习，继承了良好的医德家风，因屡起沉疴而有“活仙人”之称。他是继祖父丁甘仁之后上海中医界的领军人物之一，历任考试委员、卫生部中医委员、上海市中医公会理事长、上海中医学院院长等职，一生中有许多门人学生，成为中医界久负盛名的良医，如潘澄濂、裘沛然、周慧仙、钟一棠、何时希、沈仲理、顾伯华、黄羡明、阮望春、席德治、巢伯舫、胡彭寿等。丁仲英之子丁济民，名彬刚，也是海上名医，早年随父临诊于上海福州路中和里，稍长即设座邻室独立应诊。幼承家学，谙熟岐黄之术，兼通内、外、妇各科，治学严谨，思路开阔。其临床特色是在熔经方与时方于一炉的基础上，重视现代医学诊断技术和指标，及时汲取新发现的有效药物，充实传统的辨证论治方法，更新经验处方。1949年后，历任上海市公费第五门诊部副主任、上海市第十一人民医院副院长、上海中医学院医史教研组主任及龙华医院副院长等职，成为丁氏医家在中华人民共和国成立后持续发展的代表。

此外，丁甘仁的后裔传人还有近10位，有数位还在海外传播岐黄仁术，有曾孙辈3人在美国纽约和洛杉矶从事中医工作。丁济万的幼子丁景源，先后在中国香港、日本和中国台湾行医，任香港中医师公会终身副会长；后来移居美国，担任纽约中医师公会理事长，美东针灸联合会会长，继续执业中医。丁甘仁的曾孙丁一谔曾任上海中医药大学教授，上海龙华医院内科主任，现为常州孟河医学传承学会副会长，是当今继承和发扬孟河医学丁氏学派的知名专家，门人弟子遍及海内外。丁一谔的儿子丁佐泓就读于上海中医药大学，是丁甘仁的第五代传人。

丁甘仁走了，但人们将永远怀念他。1985年，经黄羡明、阮望春与席德治等丁氏后学积极筹备，在上海中华医学会礼堂隆重举行了丁甘仁先生诞辰120周年纪念大会；1997年，又编纂了题为《名医摇篮》的上海中医学院——原上海中医专门学校校史；2008年，后学顾书华热忱于中医事业，在老师巢伯舫、席德治的鼎力支持下，联络丁甘仁第三代门人与后裔等，组建了常州孟河医派传承学会，同时在孟河镇启动复建丁甘仁故居，开创了传承孟河医派与丁氏学派的新局面。

2008年6月，上海中医药大学出版社出版了一部长篇著作《丁甘仁传》，作者虽然将其定位于“传记小说”，含有想象和虚构的成分，不能作为信史；但难能可贵的是，作者杨忠原是一位从事临床30年的西医工作者，他能够对中医和中医先辈怀有一份由衷的爱，唱出一曲真挚的颂歌，在一定意义上说，或可称作当今中西医结合的一个美好标志。

丁甘仁曾有一个殷殷遗愿：将上海中医专门学校提升为中医大学。如今，他的遗愿早已成为现实。不仅在上海，而且在全国，随着中华人民共和国的建立，再也没有权力对中医滥施歧视与扼杀政策，中医药高等学府犹如雨后春笋般地在全国茁壮崛起，其规模与丁甘仁在世时不可同日而语。

作为原上海中医专门学校后身的现上海中医药大学，已经成为世界著名的中医药高等学府，占地600余亩，教学设施齐全，环境优美，拥有包括中国工程院院士和中国科学院院士在内的600多名专家、教授。学校拥有3所现代化的附属医院。目前在校生已达8200余人，其中博士研究生和硕士研究生1400余人，来自日、韩、俄、法、英、美、德、意等30余个国家和地区的长短期留学生1300余人。

山东中医药大学校长、第十一届全国政协常委王新陆在2006年4月2日凤凰卫视《文化大观园》节目中说："今天的中医可以说到了一个很辉煌的时候，特别是从国际这个角度来看，外国人对中医认可程度比我们国内还高。在德国就有4万～5万人从事中医工作，而且还是老外，不是中国人。在美国，有将近5000个中医诊所。这就是说我们中医已经在服务于人类，服务于全球，已经跨出了国门。”

近些年来，作为中华文化瑰宝的中医药，以其可信的疗效，已快步进入不少国家的医疗卫生保健体系。来华学习中医药的留学生人数，一直居自然科学中留学人员的第一位。这些留学生不仅来自亚洲，也来自大洋洲、欧洲和北美洲。他们回国后，将成为当地中医药医疗、教学和科研的本土骨干。

有一则国际资讯尤其值得人们关注。2007年8月3日，《人民日报》刊登了记者王淑军、秦秋的报道，题为《美国首次认同中医与西方医学一样为独立科学体系》。报道中说：“2007年8月份，美国食品药品管理局（FDA）新近发布了一份指导性文件《补充和替代医学产品及FDA管理指南（初稿）》，将包括中医药在内的传统医学从‘补充和替代医学（CAM）’中分离出来，首次认同中医药学与西方主流医学一样，是一门有着完整理论和实践体系的独立科学体系，而不仅仅是对西方主流医学的补充。”

这一则资讯，应是对丁甘仁英灵的告慰。尽管中医药的存在与发展并不仰赖于国外专家的承认与否，但是，有更多的外国人逐步认识与信任中医药，无疑能推动中医仁术服务于全人类的良好进程，更能证明丁甘仁对中医的毕生信念持之有据。

遍地芬芳！丁甘仁的遗愿正在普绽花朵。

中医大有希望，中华国粹中医不朽，一代名医丁甘仁永远活在人民心中！

（撰稿人　边震遐）

《中华中医昆仑》丛书150位医家名录

（按生年排序）

张锡纯	丁甘仁	萧龙友	王朴诚	恽铁樵
曹炳章	冉雪峰	谢　观	施今墨	汪逢春
孔伯华	黄竹斋	吴佩衡	蒲辅周	陈邦贤
李翰卿	李斯炽	姚国美	陆渊雷	张泽生
时逸人	张梦侬	叶橘泉	王聘贤	陈慎吾
邹云翔	赵炳南	承淡安	余无言	刘惠民
岳美中	沈仲圭	秦伯未	赵锡武	韦文贵
程门雪	黄文东	赵心波	董廷瑶	吴考槃
章次公	石筱山	陆南山	张赞臣	李聪甫
刘绍武	陈存仁	朱仁康	陆瘦燕	姜春华
韩百灵	高仲山	李克绍	王鹏飞	刘春圃
金寿山	哈荔田	何世英	周凤梧	干祖望
关幼波	王为兰	任应秋	罗元恺	祝谌予
杨医亚	郭士魁	何时希	耿鉴庭	俞慎初

裘沛然	顾伯华	江育仁	邓铁涛	门纯德
刘渡舟	尚天裕	朱良春	李玉奇	程士德
尚志钧	赵绍琴	董建华	米伯让	李辅仁
张珍玉	班秀文	颜正华	于己百	颜德馨
路志正	方药中	王乐匋	黄星垣	谢海洲
余桂清	何　任	王子瑜	程莘农	陈彤云
焦树德	张作舟	张　琪	李寿山	张镜人
王绵之	方和谦	印会河	王玉川	蔡小荪
李振华	马继兴	王嘉麟	宋祚民	刘弼臣
王雪苔	刘志明	吴咸中	李今庸	任继学
裴学义	王宝恩	周霭祥	贺普仁	唐由之
赵冠英	许润三	金世元	陆广莘	刘柏龄
徐景藩	吉良晨	吴定寰	沈自尹	王孝涛
张灿玾	周仲瑛	强巴赤列	张代钊	李经纬
郭维淮	柴松岩	苏荣扎布	陈可冀	李济仁
夏桂成	郭子光	巴黑·玉素甫	张学文	陈介甫